EPICURO

Lettera a Meneceo
sulla felicità

First published by eBL 2021

Copyright © 2021 by Epicuro

All rights reserved. No part of this publication may be reproduced, stored or transmitted in any form or by any means, electronic, mechanical, photocopying, recording, scanning, or otherwise without written permission from the publisher. It is illegal to copy this book, post it to a website, or distribute it by any other means without permission.

First edition

Translation by EBL

This book was professionally typeset on Reedsy. Find out more at reedsy.com

Il male, dunque, che più ci spaventa, la morte, non è nulla per noi, perché quando ci siamo noi non c'è lei, e quando c'è lei non ci siamo più noi.
Τὸ φρικωδέστατον οὖν τῶν κακῶν ὁ θάνατος οὐθὲν πρὸς ἡμᾶς, ἐπειδήεπερ ὅταν μὲν ἡμεῖς ὦμεν, ὁ θάνατος οὐ πάρεστιν, ὅταν δὲ ὁ θάνατος παρῇ, τόθ' ἡμεῖς οὐκ ἐσμέν.

Epicuro

Preface

Il verbo epicureo può essere riassunto in poche proposizioni generali:

1.la realtà è perfettamente penetrabile e conoscibile dall'intelligenza umana;

2.nelle dimensioni del reale c'è spazio anche per la felicità dell'uomo;

3.la felicità consiste nella mancanza di dolore e di turbamento: è la pace dello spirito;

4.per raggiungere questa felicità e questa pace, l'uomo necessita solo di se stesso; all'uomo non servono, perciò, la città, le istituzioni, la nobiltà di nascita, le ricchezze, le cose tutte e nemmeno gli dèi: l'uomo è perfettamente autosufficiente.

* * *

L'assenza del dolore (il piacere catastematico) è il limite supremo che raggiunge il piacere, al di là del quale non può ulteriormente estendersi, perché nell'assenza di dolore il piacere ha raggiunto la sua completezza e perfezione.

Chiunque ponga nel piacere il bene supremo e la felicità è fatalmente tormentato dalle seguenti cose:
1) l'incalzare del tempo che divora e porta via il piacere;
2) la minaccia del dolore che può sempre sopraggiungere;
3) l'agguato della morte.

* * *

Epicuro ha, pertanto, cercato di elevare attorno al piacere delle barriere che lo tutelassero da tali insidie e, a differenza di altri edonisti, a suo modo, è riuscito nel proprio intento, proprio grazie alla sua concezione della totale superiorità del piacere catastematico sul piacere in movimento: infatti, quest'ultimo è strutturalmente coinvolto nella corsa contro il tempo, inceppa incessantemente nei mali ed è messo in scacco dalla morte. Epicuro ha fornito dunque agli uomini un quadruplice rimedio: ha mostrato, innanzitutto, che sono vani i timori per gli dèi e per l'aldilà; in secondo luogo, che è assurda la paura della morte, la quale non è nulla; in terzo luogo, che il piacere, quando lo si intenda correttamente, è a disposizione di tutti; infine, che il male o è di breve durata, oppure è facilmente sopportabile.

L'uomo che sappia applicare a se medesimo questo quadruplice farmaco acquista la pace dello spirito e la felicità, che nulla e nessuno possono intaccare. *"Vivrai come un dio fra gli uomini, perché l'uomo che vive fra i beni immortali non sembra più neanche mortale."*

A Meneceo

L'uomo cominci da giovane a far filosofia e da vecchio non sia mai stanco di filosofare. Per la buona salute dell'animo, infatti, nessun uomo è mai troppo giovane o troppo vecchio. Chi dice che il giovane non ha ancora l'età per far filosofia, e che il vecchio l'ha ormai passata, è come se dicesse che non è ancora giunta, o è già passata, l'età per essere felici. Quindi sia l'uomo giovane che il vecchio devono far filosofia: il vecchio perché invecchiando rimanga giovane per i bei ricordi del passato; il giovane perché, pur restando giovane d'età, sia maturo per affrontare con coraggio l'avvenire. E' bene riflettere sulle cose che possono farci felici: infatti, se siamo felici abbiamo tutto ciò che occorre; se non lo siamo, facciamo di tutto per esserlo.

Chapter 2

Metti in pratica le cose che ti ho sempre raccomandato e rifletti su di esse, perché sono i princìpi necessari fondamentali per una vita felice.

Chapter 3

Per prima cosa tu devi considerare la divinità come un essere indistruttibile e felice, così come comunemente gli uomini pensano degli dèi; non attribuire quindi nulla alla divinità che contrasti con la sua immortalità e la sua beatitudine, e ritieni vero invece tutto ciò che ben si accorda con la sua felice immortalità.

Chapter 4

Gli dèi infatti esistono, ed è del tutto evidente la conoscenza che ne abbiamo; ma gli uomini attribuiscono agli dèi caratteristiche contrarie alla stessa idea che se ne fanno. Negare gli dèi in cui credono gli uomini, non è quindi empietà. Empietà è piuttosto attribuire agli dèi le idee che gli uomini comunemente se ne fanno, perché non sono idee corrette, ma gravi errori. Dall'idea che si fa degli dèi l'uomo trae i più gravi danni e vantaggi. Infatti gli dèi, che di continuo sono dediti alle loro virtù, accolgono i loro simili, mentre considerano estraneo tutto ciò che non è simile ad essi.

Chapter 5

Abìtuati a pensare che per noi uomini la morte è nulla, perché ogni bene e ogni male consiste nella sensazione, e la morte è assenza di sensazioni. Quindi il capir bene che la morte è niente per noi rende felice la vita mortale, non perché questo aggiunga infinito tempo alla vita, ma perché toglie il desiderio dell'immortalità. Infatti non c'è nulla da temere nella vita se si è veramente convinti che non c'è niente da temere nel non vivere più. Ed è sciocco anche temere la morte perché è doloroso attenderla, anche se poi non porta dolore. La morte infatti quando sarà presente non ci darà dolore, ed è quindi sciocco lasciare che la morte ci porti dolore mentre l'attendiamo. Quindi il più temibile dei mali, la morte, non è nulla per noi, perché quando ci siamo noi non c'è la morte, quando c'è la morte non ci siamo più noi. La morte quindi è nulla, per i vivi come per i morti: perché per i vivi essa non c'è ancora, mentre per quanto riguarda i morti, sono essi stessi a non esserci.

Chapter 6

La maggior parte delle persone, però, fuggono la morte considerandola come il più grande dei mali, oppure la cercano come una liberazione dai mali della vita. Il saggio invece non rifiuta la vita e non ha paura della morte, perché non è contro la vita ed allo stesso tempo non considera un male il non vivere più. Il saggio, così come non cerca i cibi più abbondanti, ma i migliori, così non cerca il tempo più lungo, ma cerca di godere del tempo che ha. è da stolti esortare i giovani a vivere bene ed i vecchi a morire bene, perché nella vita stessa c'è del piacere, ed è la stessa cosa l'arte di vivere bene e di morire bene.

Chapter 7

Certo, è peggio chi dice: è bello non esser mai nati "ma, se si è nati, è bello passare al più presto le soglie dell'Ade". Se chi dice queste cose ne è convinto, perché non abbandona la vita? è in suo potere farlo, se questa è la sua opinione e parla seriamente. Se invece scherza, parla da stolto su cose su cui non c'è proprio da scherzare.

Chapter 8

Dobbiamo inoltre ricordarci che il futuro non è interamente nelle nostre mani, ma in qualche modo lo è, anche se in parte. Quindi non dobbiamo aspettarci che si avveri del tutto, ma non dobbiamo neppure disperare che esso non si avveri affatto.

Chapter 9

Dobbiamo poi pensare che alcuni dei nostri desideri sono naturali, altri vani. E di quelli naturali alcuni sono necessari, altri non lo sono. E di quelli naturali e necessari, alcuni sono necessari per essere felici, altri per la buona salute del corpo, altri per la vita stessa. Una sicura conoscenza dei desideri naturali necessari guida le scelte della nostra vita al fine della buona salute del corpo e della tranquillità dell'animo, perché queste cose sono necessarie per vivere una vita felice. Infatti noi compiamo tutte le nostre azioni al fine di non soffrire e di non avere l'animo turbato. Ottenuto questo, ogni tempesta interiore si placherà, perché il nostro animo non desidera nulla che gli manchi, né ha altro da cercare perché sia completo il bene dell'anima e del corpo. Abbiamo infatti bisogno del piacere quando soffriamo perché esso non c'è. Quando non soffriamo, non abbiamo neppure bisogno del piacere.

Chapter 10

Per questo motivo noi diciamo che il piacere è il principio ed il fine di una vita felice. Noi sappiamo che esso è il bene primo, connaturato con noi stessi, e da esso prende l'avvio ogni nostra scelta e in base ad esso giudichiamo ogni bene, ponendo come norma le nostre affezioni. Ma proprio perché esso è il bene primo ed è a noi connaturato, noi non ci lasciamo attrarre da tutti i piaceri; al contrario, ne allontaniamo molti da noi quando da essi seguono dei fastidi più grandi del piacere stesso. Allo stesso modo consideriamo molti dolori preferibili ai piaceri quando la scelta di sopportare il dolore porta con sé come conseguenza dei piaceri maggiori. Tutti i piaceri quindi che per loro natura sono a noi congeniali sono certamente un bene; tuttavia non dobbiamo accettarli tutti. Allo stesso modo tutti i dolori sono un male, ma non dobbiamo cercare di sfuggire a tutti loro. Queste scelte vanno fatte in base al calcolo ed alla valutazione degli utili. Per esperienza sappiamo infatti che a volte il bene è per noi un male ed al contrario il male è un bene. Consideriamo un grande

Chapter 10

bene l'indipendenza dai desideri non perché sia necessario avere sempre soltanto poco, ma perché se non abbiamo molto sappiamo accontentarci del poco. Siamo profondamente convinti che gode dell'abbondanza con maggiore dolcezza chi meno ha bisogno di essa e che tutto ciò che la natura richiede lo si può ottenere facilmente, mentre ciò che è vano è difficile da ottenere. Infatti, in quanto entrambi eliminano il dolore della fame, un cibo frugale o un pasto sontuoso danno un piacere eguale, e pane e acqua danno il piacere più pieno quando saziano chi ha fame. L'abituarsi ai cibi semplici ed ai pasti frugali da un lato è un bene per la salute, dall'altro rende l'uomo attento alle autentiche esigenze della vita; e così quando di tanto in tanto ci capita di trovarci nell'abbondanza, sappiamo valutarla nel suo giusto valore e sappiamo essere forti nei confronti della fortuna.

Chapter 11

Quando dunque diciamo che il piacere è il bene completo e perfetto, non ci riferiamo affatto ai piaceri dei dissoluti, come credono alcuni che non conoscono o non condividono o interpretano male la nostra dottrina; il piacere per noi è invece non avere dolore nel corpo né turbamento nell'anima.

Chapter 12

Infatti non danno una vita felice né i banchetti né le feste continue, né il godersi fanciulli e donne, né il godere di una lauta mensa. La vita felice è invece il frutto del sobrio calcolo che indica le cause di ogni atto di scelta o di rifiuto, e che allontana quelle false opinioni dalle quali nascono grandissimi turbamenti dell'animo.

Chapter 13

La prudenza è il massimo bene ed il principio di tutte queste cose. Per questo motivo la prudenza è anche più apprezzabile della filosofia stessa, e da essa vengono tutte le altre virtù. Essa insegna che non ci può essere vita felice se non è anche saggia, bella e giusta; e non v'è vita saggia, bella e giusta che non sia anche felice. Le virtù sono infatti connaturate ad una vita felice, e questa è inseparabile dalle virtù.

Chapter 14

E adesso dimmi: pensi davvero che ci sia qualcuno migliore dell'uomo che ha opinioni corrette sugli dèi, che è pienamente padrone di sé riguardo alla morte, che sa sino in fondo che cosa sia il bene per l'uomo secondo la sua natura e sa con chiarezza che i beni che ci sono necessari sono pochi e possiamo ottenerli con facilità, e che i mali non sono senza limiti, ma brevi nel tempo oppure poco intensi?

Chapter 15

Un uomo così ha imparato a sorridere di quel potere - il fato - che per alcuni è il sovrano assoluto di tutto: di fatto ciò che accade può essere spiegato non soltanto attraverso la necessità, ma anche attraverso il caso o in quanto frutto di nostre decisioni per le quali possiamo essere criticati o lodati.

Chapter 16

Quanto al fato, di cui parlano i fisici, era meglio credere ai miti sugli dèi che essere schiavi di esso: i miti infatti permettevano agli uomini di sperare di placare gli dèi per mezzo degli onori, il fato invece ha un'implacabile necessità. E riguardo alla fortuna non bisogna credere né che sia una divinità, come fanno molti - gli dèi infatti non fanno nulla che sia privo di ordine ed armonia - né che sia un principio causale; non bisogna neppure credere che essa dia agli uomini beni e mali che determinano una vita felice; da essa infatti provengono solo i princìpi di grandi beni e di grandi mali. E' meglio quindi essere saggiamente sfortunati che stoltamente fortunati, perché è preferibile che nelle nostre azioni una saggia decisione non sia premiata dalla fortuna, piuttosto che una decisione poco saggia sia coronata dalla fortuna.

Chapter 17

Medita giorno e notte tutte queste cose, e ciò che è connesso con esse, sia in te stesso che con chi ti è simile: così mai, sia da sveglio che nel sonno, avrai l'animo turbato, ma vivrai invece come un dio fra gli uomini. L'uomo infatti che vive tra beni immortali non è in niente simile ad un mortale.

About the Author

Nato nel 341 a.C., probabilmente il ventesimo giorno del mese di Gamelione (10 febbraio), del terzo anno della 109ª Olimpiade, sotto l'arcontato di Sosigene (342-341) sull'isola di Samo, figlio di Neocle, un maestro di scuola, e di Cherestrata, una maga, fu chiamato Epicuro (che significa pressappoco "soccorritore") in onore di Apollo (questo era uno degli epiteti del dio). Frequentò la scuola di Panfilo seguace del pensiero platonico, e successivamente quella del democriteo Nausifane a Teo, località sulle coste dell'Asia Minore.

All'età di 32 anni, dopo avere elaborato una sua dottrina, fondò la sua scuola, prima a Mitilene e a Lampsaco, e infine nel 306 a.C. ad Atene, dove aveva già vissuto per il servizio militare, il cosiddetto periodo di "efebato", richiesto anche agli abitanti di Samo. L'isola era infatti stata parte integrante della vecchia lega delio-attica, e inoltre il padre era originario proprio di Atene, essendo uno dei coloni mandati nel 352 a.C., il che faceva di Epicuro un cittadino ateniese a tutti gli effetti. Pochi anni dopo gli ateniesi di Samo saranno tutti cacciati ad opera dei vecchi abitanti, che avevano perso la loro isola dopo una guerra contro Atene. Epicuro, i fratelli e il fedele schiavo dovettero viaggiare per avere un luogo dove risiedere in pace, al riparo dalle persecuzioni che i platonici avrebbero fomentato.

Acquistò quindi una casa ad Atene, per ottanta mine, dove istituì la scuola. La casa era dotata di un giardino (in greco κῆπος; da cui il nome di "filosofia del giardino" dato all'epicureismo, "filosofi del giardino" i seguaci) dove i discepoli, tra i quali anche donne, come la famosa etera Leonzio, e persino schiavi, seguivano le lezioni del maestro e ne studiavano gli scritti, vivendo, come lui stesso, in maniera semplice e frugale, trattati come compagni e in maniera democratica, qualunque fosse la condizione sociale. Fu uno dei primi filosofi a teorizzare un egalitarismo sostanziale fra gli esseri umani. Anche i suoi tre fratelli si dedicarono con lui alla filosofia. Sebbene fosse assertore della non partecipazione alla vita sociale e politica, sostenne il governo macedone.

La filosofia della scuola del "giardino" era in polemica con le dottrine socratico-platoniche e con l'aristotelismo, ma anche con le scuole minori come i cinici, i megarici, i cirenaici e con lo stoicismo, l'altra grande scuola ellenistica, che stava iniziando a diffondersi proprio in quel periodo. Secondo Diogene Laerzio, lo stoico Diotimo mise in circolazione false lettere per diffamarlo, così come lo diffamarono anche Plutarco e molti altri esponenti delle scuole rivali.

Epicuro morì ad Atene di calcoli renali e per le relative complicanze, all'età di settantadue anni circa, nel secondo anno della 127ª Olimpiade, sotto l'arcontato di Pitarato (271-270), quindi probabilmente tra febbraio e dicembre del 270 a.C.:

Morì di calcoli renali dopo quattordici giorni di malattia, come scrive Ermarco nelle lettere. Ermippo riferisce che Epicuro in punto di morte, entrato in una tinozza di bronzo piena di acqua calda, chiese del vino puro e lo bevve d'un fiato. Dopo aver raccomandato agli amici di non dimenticare il suo pensiero, spirò. Noi abbiamo scritto per lui questo epigramma: "Siate felici e memori del mio pensiero", furono le ultime parole di Epicuro agli amici. Entrato nel calore della tinozza, con uno stesso sorso bevve vino puro e il freddo della morte. Tale fu la sua vita e tale la sua fine.